AF267512

LE NOUVEAU
SÉNATUS-CONSULTE

ET LA

CONSTITUTION ANGLAISE

PAR

M. ALPHONSE PINÈDE

AVOCAT A LA COUR IMPÉRIALE DE PARIS

S'il est un droit sacré, durable, illimité,
Que le long cours des ans ne puisse pas détruire,
Qui par des règlements ne puisse se prescrire,
C'est l'immuable droit de notre liberté.

VOLTAIRE.

PARIS

E. DENTU, LIBRAIRE-ÉDITEUR

PALAIS-ROYAL, 17 ET 19, GALERIE D'ORLÉANS

—

1869

LE

NOUVEAU SÉNATUS-CONSULTE

ET LA

CONSTITUTION ANGLAISE

Le sénatus-consulte qui s'élabore est assurément le plus grave changement qu'ait encore subi la Constitution de 1852. Quelque lacune, quelque imperfection qu'on y puisse signaler, il est incontestable qu'il nous rapproche de cet idéal politique vers lequel doivent tendre les institutions d'un peuple libre. Le moment nous a donc paru opportun pour jeter un rapide coup d'œil sur celles qui nous régissent, en tenant compte des réformes prochaines, que l'on peut déjà considérer comme accomplies. Nous voudrions marquer exactement le point où nous sommes arrivés sur la route de la liberté et la distance qui nous sépare encore du terme que la France doit atteindre.

Pour y marcher d'un pas plus assuré il convient, ce nous semble, de prendre pour exemple et pour guide le peuple qui, sur cette voie sacrée de la liberté, a déjà fourni plus d'une glorieuse étape, et dont le pays offre le modèle des plus sages institutions politiques : nous avons nommé l'Angleterre.

C'est là, en effet, que les institutions sur lesquelles repose le système représentatif ont été le plus anciennement établies. C'est là qu'elles ont subi une longue et décisive épreuve. Introduites chez nous beaucoup plus tard, et pratiquées le plus souvent d'une manière incomplète, elles n'ont jamais pu, jusqu'à présent du moins, arriver au même degré de stabilité. Elles ont tour à tour dépassé la mesure de la liberté ou celle du despotisme. Elles ont oscillé de la Constitution de 1793 à celle de l'an VIII, premier essai du pouvoir personnel, dont le système, remis en vigueur par la Constitution de 1852, se trouve heureusement tempéré par les réformes libérales contenues dans le message du 12 juillet et dans le nouveau sénatus-consulte. Par cet acte important la France reprend, pour ainsi dire, possession d'elle-même ; elle redevient, dans le vrai sens du mot, parlementaire. Jusqu'ici ses députés, les élus de la nation, entravés dans leur action législative, pouvaient être presque considérés comme un grand conseil consultatif plutôt que délibérant. Le droit d'initiative et le droit d'interpellation qui leur sont rendus les investissent désormais des attributions les plus efficaces. Ils redeviennent vraiment les membres d'un parlement libre. Nous avons pensé qu'il ne serait pas inutile, en un pareil moment, de mettre sous les yeux des électeurs et de leurs mandataires un tableau succinct de la Constitution qui a le plus fidèlement et le plus complétement exprimé les principes fondamentaux des gouvernements représentatifs. Puisse ce modèle être toujours présent à l'esprit de nos législateurs !

I

La Constitution anglaise est l'œuvre du temps, et non pas le produit des conceptions d'un législateur unique ou d'assemblées éphémères. Là est le secret de sa force et de sa grandeur. Comme le chêne qui par l'effet du temps développe sa force native, et qui, défiant les orages, couvre chaque jour le sol de plus puissants rameaux, ainsi la Constitution anglaise a étendu successivement les éléments de force et de durée qu'elle contenait ; elle a résisté à toutes les attaques, et la génération actuelle, plus encore que celles qui l'ont précédée, vit satisfaite et heureuse sous son abri tutélaire.

Indiquons les phases de son évolution libre et spontanée jusqu'au moment actuel, époque de son complet épanouissement.

Il faut remonter à plus de six siècles pour en retrouver l'origine, et c'est l'aristocratie qui en a jeté les fondements. Ce sont les barons d'Angleterre qui ont posé les premières bornes à l'autorité royale, en forçant le roi Jean-sans-Terre à leur délivrer, en 1215, la *Grande-Charte*, par laquelle il se dépouille, lui et ses successeurs, de la faculté d'exiger des subsides sans l'avis du *Commun Conseil* ou du *Parlement*, qui alors ne comprenait pas encore les communes. Il renouvela à la ville de Londres et à toutes les villes et bourgs du royaume leurs anciennes libertés et franchises, et le droit de ne pouvoir être taxées que de l'avis et du consentement du Commun Conseil. Enfin la vie et la propriété du citoyen furent assurées par cette charte, dont une clause porte expressément qu'aucun sujet ne pourra être ni arrêté, ni emprisonné, ni dépossédé de ses biens, ni privé de sa vie, que par un jugement légal de ses pairs, et conformément aux anciennes lois du pays, c'est-à-dire les lois anglo-saxonnes que Guillaume-le-Conquérant avait abolies. Cette charte, qui renferme, comme on le voit, le principe du jury et celui de la liberté individuelle, plus tard confirmé par l'*Habeas corpus*, sert encore de base aujourd'hui à la Constitution de l'Angleterre ; elle reçut sa forme actuelle sous le règne de Henri III, en 1225.

Ce fut sous le même prince que le parlement anglais se compléta en admettant dans son sein, à côté des lords, les députés des comtés, des cités et des bourgs. Ce qu'il y eut de remarquable, c'est que ce furent les barons eux-mêmes qui ouvrirent la carrière politique à leurs inférieurs. Ils ont ainsi l'honneur d'avoir eux-mêmes créé la représentation nationale, usant déjà, dès cette époque, de cette politique qui leur était propre et qui consistait à savoir concilier l'intérêt populaire avec l'intérêt aristocratique.

Armé des droits précieux que lui conférait la *Grande-Charte*, le peuple anglais continua de veiller avec un soin jaloux sur ses libertés politiques et civiles, et, comme l'esprit d'indépendance avait pénétré dans la nation tout entière, il sut les conserver ou les reprendre sous le sceptre des fiers et impérieux monarques qui succédèrent aux fondateurs de cette Constitution.

Elle fut en effet soumise à de rudes épreuves. Henri VIII, par exemple, et sa fille Élisabeth, parvinrent à exercer sur l'Angleterre la domination la plus tyrannique, sans avoir cependant à redouter aucun soulèvement de leurs sujets. Ils anéantirent, autant qu'il leur fut possible, l'action des parlements. Mais l'oppression qu'ils firent peser sur le pays fut surtout politique ou religieuse. Elle n'entama en rien ces précieuses libertés civiles auxquelles aucun souverain ne porta jamais atteinte en Angleterre sans que le repentir ou le châtiment suivît la faute. C'est ainsi que périrent les Stuarts pour avoir mis la main sur la liberté individuelle. L'arrestation arbitraire de cinq membres du Parlement renversa plus promptement le trône de Jacques II que ne l'auraient pu faire les échafauds où Henri VIII et Élisabeth firent tomber des milliers de têtes. Ainsi, ni la puissance des Tudors, ni le despotisme des Stuarts, n'ont rien pu contre ce sentiment énergique de la liberté fondée sur les droits les plus anciens. Il fallut cependant qu'à plusieurs reprises, pour accroître ses franchises, le peuple les fît confirmer, et chaque fois il en profita. Ce sont d'abord les *Provisions d'Oxford* (1258) qui déclarent que trois parlements seront convoqués chaque année aux mois de février, de juin et d'octobre. Quelques années après, en 1265, comme nous venons de l'indiquer plus haut, les représentants des communes entrent au Parlement. « C'est à cette époque, dit Macaulay, que le grand peuple anglais se forma, que le caractère anglais commença à montrer ces singularités qu'il a conservées depuis; c'est alors que nos pères devinrent des insulaires dans toute l'acception du mot, non plus seulement par leur position géographique, mais encore par leur politique, leurs sentiments, leurs manières. C'est alors qu'apparut distinctement pour la première fois cette Constitution qui, à travers tous ses changements, a conservé son identité, et qui, en dépit de quelques défauts, mérite d'être regardée comme la meilleure sous laquelle ait vécu, depuis des siècles, une grande société. C'est alors que la Chambre des communes, ce type de toutes les assemblées représentatives des deux mondes, siégea pour la première fois. »

A partir de cette époque, la Constitution, en effet, se développe et s'affermit. Un acte de 1406, sous le règne de Henri IV, oblige le roi à ne gouverner qu'avec l'assistance d'un Conseil permanent. C'est l'origine du Conseil privé, dont le *Cabinet* n'est qu'une sorte d'émanation, sans existence légale. Deux siècles après, en 1628, le *bill de la pétition des droits*, adressé au premier des Stuarts, préparait la voie au *bill de la déclaration des droits*, voté le 24 février 1689 par le Parlement et sanctionné par Guillaume III. Alors fut vraiment achevée la Constitution anglaise; et les principes suivants furent définitivement consacrés :

La Couronne ne peut ni suspendre les lois ni en arrêter l'exécution.

Elle ne peut, sans le consentement du Parlement, lever aucun impôt ni entretenir aucune armée. Tout citoyen a le droit de présenter des pétitions au roi. Les élections des membres du Parlement doivent être libres. Un acte de la Chambre des communes, passé en 1694, et qui garantissait la liberté de la presse, remit aux mains des citoyens eux-mêmes le dépôt des libertés publiques.

II

Lorsque l'Angleterre était depuis un siècle déjà en possession de ses libertés et qu'elle avait sa représentation nationale dans le Parlement, avec toutes les garanties de l'ordre politique et civil, par la *Grande Charte*, l'*habeas corpus* et le *bill des droits*, la France n'avait pas encore de loi qui établît que les États généraux faisaient partie de la souveraineté ; tantôt un arrêt du Conseil leur défendait de délibérer ; tantôt un arrêt du Parlement cassait leurs décisions ; aucune loi n'en nécessitait le retour périodique, et, en 1789, il y avait cent soixante-quinze ans qu'ils n'avaient été assemblés.

Au lieu de lois mettant la sûreté, la liberté individuelle, à l'abri des atteintes arbitraires, on voyait fleurir le règne des lettres de cachet. Point de liberté de la presse, point d'impôts librement consentis. C'était en un mot la monarchie absolue dans toute sa pureté.

La Révolution française mit l'ordre dans le chaos et substitua la justice au bon plaisir. On nous saura gré, croyons-nous, de reproduire ici les principes qu'elle a consacrés, et qui sont la base fondamentale des libertés que M. Thiers a si heureusement nommées les libertés nécessaires. Nous les revendiquons aujourd'hui légalement, mais avec fermeté et persévérance. Il appartenait à l'illustre historien de la Révolution française, à l'un des hommes qui par la plume et par la parole ont le plus servi ces immortels principes, de donner l'impulsion au mouvement qui, du frontispice de notre Constitution, où elles sont inscrites, les fait désormais entrer au cœur même de l'édifice.

La Constitution de 1791, premier fruit de la Révolution française, garantissait comme droits naturels et civils :

« La liberté à tout homme d'aller, de rester, de partir, sans pouvoir
« être arrêté ni détenu que selon les formes déterminées par la Consti-
« tution ;

« La liberté à tout homme de parler, d'écrire, d'imprimer et publier
« ses pensées, sans que ses écrits puissent être soumis à aucune censure
« ni inspection avant la publication, et d'exercer le culte religieux au-
« quel il appartient ;

« La liberté aux citoyens de s'assembler paisiblement et sans armes,
« en satisfaisant aux lois de police ;

« La liberté d'adresser aux autorités constituées des pétitions signées
« individuellement. »

Un paragraphe spécial mettait les droits ci-dessus énoncés à l'abri de
toute entreprise, le voici :

« Le pouvoir législatif ne pourra faire aucune loi qui porte atteinte
« et mette obstacle à l'exercice des droits naturels et civils consignés
« dans le présent titre. »

On le voit, la France aussi venait de conquérir sa *Grande Charte;* mal-
heureusement, au contraire de l'Angleterre, dont la Constitution politique
est perpétuelle et garde, comme le dit Macaulay, son identité à travers
ses changements, les principes établis et les droits consacrés par la Révolution de 1789 ont subi de si grandes et de si fréquentes altérations,
qu'aujourd'hui, après quatre-vingts ans d'épreuves, nous en sommes
presque à recommencer l'œuvre de nos pères. Huit constitutions com-
plètes, sans parler des remaniements de chacune d'elles, ont succédé à
celle qu'avait élaborée l'Assemblée constituante : ce sont celles de 1793
ou de l'an I, de 1795 ou de l'an III, de 1799 ou de l'an VIII, de 1804 ou
Constitution impériale, les Chartes de 1814 et de 1830, enfin les Constitutions de 1848 et de 1852.

III

Le résumé historique qui précède établit, selon nous, une double vérité, l'une, que dès son origine la Constitution anglaise contenait en
germe tous les principes libéraux qui se sont développés successivement, et dont les deux plus essentiels sont, pour le citoyen, la liberté
individuelle, sans restriction ni subterfuge; pour la nation, le libre consentement de l'impôt. Toutes les autres libertés ne sont que le corollaire
ou la sanction de celles-là. La seconde vérité qui ressort de cet examen,
c'est que cette Constitution a toujours été en se complétant et en progres-
sant dans la voie libérale, sans subir les secousses et les réactions qui ont
signalé la marche accidentée de nos institutions politiques. C'est à ce dé-
faut qu'il faut attribuer l'infériorité où nous sommes vis-à-vis de l'Angleterre. Nous avons eu maintes constitutions, mais au lieu de n'être que le
développement régulier de quelques grands principes, chacune d'elles n'a
été que l'expression éphémère des idées ou des passions du moment. C'est
ainsi que nos constitutions républicaines, pour avoir trop devancé les

aspirations du peuple, ont eu la plus courte durée. La Charte de 1814 et celle de 1830 ont péché par un excès contraire. Libérales dans leur principe et dans leur intention première, elles tendaient en réalité à consacrer, en dehors de la représentation sincère de la nation, ce qu'on a nommé le pays légal, c'est-à-dire une classe exceptionnelle et privilégiée, absorbant en elle seule la souveraineté nationale. Il ne faut pas chercher ailleurs la cause de leur échec.

Ces deux constitutions, qui chacune étaient un progrès réel sur les constitutions du Consulat et de l'Empire, avaient enfermé dans un cadre trop étroit un peuple qui, après la compression du régime impérial, aspirait à la liberté, à l'émancipation, et donnait à l'industrie, source de la prospérité matérielle, un irrésistible essor. Par l'industrie et par le commerce qu'elle alimente, s'élevait de plus en plus au niveau des classes politiquement privilégiées une population nombreuse, active, laborieuse, celle des classes ouvrières et industrielles, qui, ne trouvant point sa place dans les Chartes de 1814 et de 1830, sentait peu à peu son infériorité et réclamait le bénéfice du principe d'égalité proclamé en 1789. La Constitution de 1848, en instituant le suffrage universel, a donné une satisfaction pleine et entière à ces besoins et à ces intérêts méconnus. Elle a fermé ainsi, autant que la sagesse humaine peut y réussir, l'ère des conflits et des antagonismes de classes.

Quant à celle de 1852, déclarée perfectible, elle a été successivement modifiée par les décrets du 24 novembre 1860 et du 19 janvier 1867, outre plusieurs sénatus-consultes dont le plus important est, sans contredit, celui qui est actuellement soumis aux délibérations du Sénat. Notre intention n'est pas de l'analyser, ni même de l'apprécier. Nous ne voulons qu'en faire ressortir le caractère général, qui est un retour, et selon nous définitif, aux véritables règles du gouvernement représentatif, que notre pays n'a pas impunément méconnues. Par là ce sénatus-consulte replace la Constitution politique de la France à son niveau normal, et lui permet de supporter sans trop d'infériorité le parallèle avec la Constitution anglaise. Nous voudrions esquisser ici les principaux traits de ce parallèle, en passant en revue les trois grands éléments dont se compose dans l'un et dans l'autre pays la société politique, à savoir la Couronne, la représentation nationale, le peuple.

IV

En Angleterre, c'est un principe irrévocablement établi que le souverain est inviolable, par la raison qu'il ne peut mal faire ; il est impeccable (*The sovereign can do no wrong*). Il est l'unique dépositaire du pouvoir exécutif, le suprême magistrat du royaume, le chef des armées de terre et de mer, le chef de l'Église officielle ; enfin, comme disent les légistes anglais, la source de tout office, honneur et privilége (*foutain of office, honour, and privileges*).

De cette impeccabilité idéale du souverain, et de l'irresponsabilité qui en est la conséquence, il résulte que le souverain qui, en vertu de la fiction constitutionnelle, est censé concentrer en sa personne l'exercice de toutes les prérogatives inhérentes à la Couronne, n'en exerce personnellement aucune en réalité. Toute son action se manifeste dans la pratique par des intermédiaires qui forment ce qu'on appelle les Conseils du souverain (*sovereign's Councils*).

C'est en effet une maxime fondamentale de la Constitution anglaise que le souverain est tenu de n'agir jamais sans son conseil, et nous avons plus haut cité l'acte du Parlement de 1406 qui a établi cette règle. Les Conseils sont au nombre de trois : les pairs, les juges, principalement l'*attorney general* et le *solicitor general,* et le Conseil privé. Nous disons les pairs et non pas les lords : ils sont par leur naissance les conseillers héréditaires de la Couronne pour toutes les affaires importantes ; les juges le sont pour toutes les questions légales ; le Conseil privé pour toutes affaires administratives et politiques.

Tels sont les conseils dont le souverain est entouré ; mais les véritables agents du pouvoir exécutif sont les ministres ; ils constituent le *cabinet*, qui n'a pas d'existence légale reconnue par la Constitution ; ils sont en réalité les conseillers responsables de la Couronne, et c'est ici que se marque un des traits originaux de cette Constitution : l'alliance étroite du pouvoir exécutif et du pouvoir législatif en même temps que leur séparation absolue.

En théorie ces deux pouvoirs sont séparés ; en pratique ils sont unis, et le lien qui les attache l'un à l'autre, c'est précisément le *cabinet*, qui, selon l'expression de Walter Bagehot, n'est autre chose qu'une sorte de comité du Corps législatif choisi pour exercer le pouvoir exécutif. Pour former ce comité, la Chambre des communes choisit les noms qui lui inspirent le plus de confiance; elle ne le fait pas directement, mais elle les désigne par sa sympathie et par ses votes. C'est le *leader* du parti dominant à la Chambre des communes ou à la Chambre des lords qui est d'ordinaire le premier ministre chargé de choisir ses collègues et de former le cabinet. Il arrive ainsi que le souverain, tout en ayant entre les mains le pouvoir exécutif, ne l'exerce en réalité que par l'intermédiaire des hommes choisis ou désignés par le pouvoir législatif, et que la volonté royale suit nécessairement la volonté de la nation.

La Couronne, en France, jouit des mêmes prérogatives qu'en Angleterre; mais la responsabilité fictive ou périlleuse du souverain, et cette sorte de responsabilité mixte et indécise que va créer pour les ministres le nouveau sénatus-consulte, auront pour résultat de rendre très-délicats et très-difficiles les rapports des deux pouvoirs qui trouvent dans la pratique anglaise un jeu si aisé et si régulier.

La représentation nationale présente aussi dans les deux pays de grandes divergences. Nos lecteurs n'attendent pas certainement de nous que nous fassions ressortir la différence qui sépare la Chambre des lords du Sénat français, et que nous leur montrions comment un corps presque entièrement composé de membres héréditaires, réunissant dans son sein les représentants de la grande propriété territoriale, investi non-seulement d'une partie du pouvoir législatif, mais encore d'attributions judiciaires qui en font la Cour suprême de justice du royaume, contribue plus efficacement à la gestion des affaires et au maintien des lois que ne saurait le faire une assemblée uniquement formée de membres choisis et nommés par le souverain, même en tenant compte de cette circonstance que la dignité de ses membres est viagère. Ainsi recruté, le Sénat représente plutôt la pensée du souverain que celle d'un corps qui aurait une existence propre; il ne joue même pas suffisamment le rôle de pouvoir pondérateur, comme il le ferait plus sûrement s'il était issu du suffrage populaire ou qu'il tînt ses pouvoirs d'une autre origine que le choix du prince.

Quant au pouvoir constituant, conféré au Sénat par la Constitution de 1852 et maintenu par le nouveau sénatus-consulte, on pense bien qu'il n'a pas son équivalent à la Chambre des lords. Rien n'est plus incompatible avec l'esprit de la Constitution anglaise que l'existence d'un pouvoir qui serait spécialement chargé de modifier les institutions nationales, fruit du temps et de l'expérience. Une semblable création implique une mobilité, une incertitude entièrement contraires à ce respect de la tradition qui est une des qualités essentielles du caractère anglais.

Nous arrivons enfin à la troisième branche du pouvoir législatif, à la plus populaire, la Chambre des communes, en qui résident vraiment tous les pouvoirs, et qui est, malgré les apparences et les fictions constitutionnelles, le véritable et seul souverain de l'Angleterre ; il ne lui manque que le suffrage universel pour être le modèle le plus parfait de représentation nationale qui ait jamais fonctionné dans une grande société politique. Un long usage de la liberté lui a donné une consistance inébranlable et une autorité qui a trop souvent manqué à nos Chambres françaises.

Cependant celles-ci, et même le Corps législatif actuel, avec les nouvelles prérogatives qu'il reçoit ou pour mieux dire qu'il recouvre en ce moment, n'ont pas eu de moindres attributions. Une assemblée populaire investie du droit de voter l'impôt et de faire les lois est maîtresse du pays, quand elle le veut, et si elle le veut énergiquement. La Chambre des communes l'a voulu, elle est arrivée à l'omnipotence. C'est vers elle que convergent toutes les affaires importantes ; elle exerce le droit d'enquête sur toutes questions d'intérêt général. Nos assemblées électives peuvent acquérir aussi la prépondérance légitime qui leur revient dans la conduite des affaires publiques. Le Corps législatif est désormais suffisamment pourvu de toutes les attributions qui sont nécessaires pour arriver à ce résultat. Nous souhaitons qu'il en use avec sagesse, avec fermeté, avec persévérance, pour le bien et l'honneur du pays.

V

Au-dessus de tous ces pouvoirs, qui ne sont réellement que des pouvoirs délégués, il faut considérer le peuple lui-même, de qui ils émanent et qui, en Angleterre, soit dans les élections du Parlement, soit dans celles des autorités locales, exerce sa souveraineté avec une telle liberté et avec une telle indépendance, que l'intervention administrative y est non-seulement étrangère, mais sévèrement interdite. Les fonctionnaires qui chercheraient à exercer leur action sur les électeurs tomberaient sous le coup d'une loi pénale. Le droit même de voter, par un excès de précaution, ne leur est point généralement accordé.

Cette libre action du peuple dans ses comices est une des garanties de la liberté politique. Les libertés civiles ne sont pas moins efficacement protégées.

En vertu de l'*habeas corpus*, toute personne emprisonnée par ordre d'une cour ou de la reine elle-même peut obtenir un *writ* d'*habeas corpus* pour être immédiatement traduite devant la cour de la reine, *queen's bench*, ou celle de *common pleas*, qui détermine si la cause de son emprisonnement est juste et légale (1).

Dans les grandes crises publiques, l'*habeas corpus* est généralement suspendu ; mais cette suspension donne si peu le droit d'emprisonner sans juste cause, que pour soustraire le magistrat à toute responsabilité de poursuite pour emprisonnement illégal (*false imprisonment*), il est d'usage que le Parlement passe un acte d'indemnité qui couvre les magistrats.

Il y a plus encore : c'est que la personne victime d'une arrestation arbitraire a le droit de s'y opposer même par la force, et les tribunaux ont plusieurs fois consacré la légitimité de cette résistance.

Nous en citerons un exemple mémorable. Sous le règne de la reine Anne, un constable ayant opéré une arrestation illégale, un citoyen vint au secours de la personne arrêtée, et dans la lutte qui s'engagea le constable fut tué. Les douze juges, sous la présidence du *lord-chief justice* Holt, décidèrent que toute atteinte portée à la liberté d'un sujet est un défi jeté à celle de tous les autres, et que chacun a le droit de prendre fait et cause pour la défense des droits confiés aux citoyens anglais par l'*habeas corpus*.

Nul ne peut être arrêté qu'en vertu d'un *warrant*, ou mandat signé d'un magistrat.

Les mandats d'arrêt et de comparution (*Warrant of apprehension or to appear*) peuvent être délivrés pour félonie, trahison ou haute trahison, par le conseil privé et les secrétaires d'État, par les juges du banc de la reine et tous les juges de paix du royaume pour tout crime ou délit. Les warrants d'un juge de paix, pour être exécutoires en dehors de sa circonscription, doivent être visés par celui du ressort.

En cas de flagrant délit, tout constable, ou officier, et généralement toute personne, a le droit d'arrêter le délinquant ; mais l'arrestation doit être immédiatement régularisée par le *Warrant of apprehension* délivré dans les formes légales.

---

(1) Le Parlement a plus tard étendu à tous les juges le pouvoir de délivrer le writ.

Toute personne arrêtée doit être conduite devant le juge, qui l'interroge sans délai. Elle peut réclamer sa mise en liberté sous caution. Si le prévenu n'est pas admis à fournir caution, ou s'il ne peut le faire, il est maintenu en état de détention préventive pendant la durée de l'instruction, en vertu d'un mandat de dépôt *warrant of commitment*. L'instruction est publique et contradictoire.

On peut donc affirmer que l'Angleterre possède le maximum de liberté dont l'expérience historique nous permette de supposer la possibilité. Le plus humble des sujets de la reine de la Grande-Bretagne sait et expérimente chaque jour que sa personne et son foyer sont inviolables.

Combien, hélas, nous sommes loin d'un pareil état de choses! Les garanties accordées à notre liberté individuelle sont consignées dans les articles 77 à 82 de la Constitution de l'an VIII, articles toujours en vigueur, et dans le Code d'instruction criminelle, principalement au chapitre 3 du titre 4. Mais ces deux lois, rédigées à une époque où l'on redoutait beaucoup plus la liberté qu'on ne la souhaitait, sont insuffisantes pour garantir de toute atteinte arbitraire la liberté du citoyen français. Elles sont d'ailleurs privées de sanction légale soit par l'effet du fameux article 75 de cette même Constitution de l'an VIII, qui exige l'autorisation du Conseil d'État avant de procéder à la poursuite des fonctionnaires de l'ordre administratif, soit par la combinaison des articles 114, 121 et 129 du Code pénal, qui affranchissent de toute responsabilité les fonctionnaires agissant en vertu d'un ordre écrit de leurs supérieurs. Il en résulte que, pour avoir justice d'une arrestation arbitraire effectuée par un officier de police judiciaire, il faudrait remonter de poursuite en poursuite tous les degrés de la hiérarchie jusqu'aux ministres eux-mêmes. Par là se trouve annulé le recours du citoyen : son droit est illusoire.

Ainsi, dans l'état actuel de la législation, les tribunaux ordinaires se trouvent dessaisis dès l'origine, et la justice étant paralysée, le citoyen français reste sous la dépendance de cette armée innombrable d'agents de l'administration qui n'a d'analogue dans aucun pays.

Il est donc urgent de trouver à ce mal un remède efficace.

L'article 75, inconnu à la législation anglaise, devra disparaître de nos codes.

Nous n'avons pas, disons-nous, la liberté individuelle. Mais possédons-nous la liberté de la presse et le droit de réunion au même degré que nos voisins? Poser seulement cette question, c'est la résoudre. La loi du 11 mai 1868 sur la presse est sans doute un grand progrès sur le décret du 17 février 1852. Mais combien d'entraves arrêtent encore l'expression libre de la pensée!

N'y a-t-il pas d'ailleurs de graves inconvénients à mêler aux luttes ardentes des partis la magistrature, qui, dans le rôle qu'elle remplit si noblement, ne demande qu'à rester l'organe calme et impartial de la justice?

Le droit de réunion n'est ni plus complet ni plus assuré; l'administration l'entoure de mille précautions qui en rendent l'exercice difficile. La loi, du reste, donne à l'autorité la faculté d'ajourner arbitrairement toutes les réunions. Aucune d'elles d'ailleurs ne peut s'occuper de questions politiques. En matière électorale, ce droit n'existe que pour le choix des députés, et seulement pendant une très-courte période. Les citoyens n'en peuvent user pour se consulter ni pour l'élection des représentants de la commune, ni pour celle des conseillers généraux. C'est un droit tenu en tutelle et en méfiance avec un soin jaloux. L'Angleterre, au contraire, en facilite la pratique pour le plus grand bien de la communauté.

Là, en effet, les assemblées populaires ou meetings jouissent de la plus grande liberté : c'est par leur moyen que l'opinion publique se manifeste et s'affirme, et que le peuple, dont une partie notable n'a pas encore la plénitude des droits politiques, exerce une action incalculable sur les affaires publiques et sur la conduite du gouvernement.

L'Angleterre, on le voit, nous laisse encore assez loin derrière elle en fait de liberté. Mais si bien des droits nous manquent, nous avons entre les mains les moyens de les conquérir par le suffrage universel.

Quel que puisse être le sentiment de certains politiques sur l'efficacité de ce suffrage, comme instrument d'un Gouvernement tempéré et libéral, il faut reconnaître que ce principe est trop conforme à notre esprit net et logique, aux idées d'égalité dont nous sommes imbus, et qu'il a déjà, après vingt ans d'exercice, pénétré trop profondément dans nos institutions, pour qu'on ne regarde pas comme une chimère toute idée de le restreindre ou de l'altérer. Il appartient à une démocratie sage et bien ordonnée de le faire servir au bien général. C'est là en effet un terrain assez vaste pour que tous les intérêts puissent s'y faire représenter, pour que toutes les classes, dans la mesure où l'on peut dire qu'il en existe encore en France, s'y rencontrent dans des luttes légales et pacifiques, les seules qui soient fécondes pour la liberté et pour la conciliation des esprits. L'œuvre est peut-être difficile : elle est noble et grande assurément, et vaut la peine que tous les bons citoyens y emploient ce que le ciel leur a départi de force et de talent (1).

Comment et par quelles mains cette tâche s'accomplira-t-elle? quelle sera la forme sous laquelle s'effectuera cette réconciliation des esprits, cette union nécessaire de toutes les classes?

L'avenir répondra. Pour nous qui ne sommes point mêlés aux compétitions des partis, nous nous sommes appliqués à faire connaître les besoins et les aspirations du pays, sans passion ni ressentiment, et, comme dit Tacite, *sine ira aut studio quorum causas procul habeo.* Nous n'avons eu en vue dans cette étude des institutions comparées de l'Angleterre et de la France que l'intérêt général et élevé de la nation. Nous estimons qu'elle ne peut être forte et prospère que par la conquête des droits dont nous avons essayé de faire ressortir l'importance. Les gouvernements peuvent passer; mais les institutions demeurent, quand elles sont fondées sur le respect des libertés nécessaires, et que ces libertés elles-mêmes sont soutenues par les mœurs publiques.

---

(1) M. Michel Chevalier a fort bien exprimé cette idée en signalant les désastres qui pourraient marquer le passage de l'ancien ordre au nouveau, « si toutes les classes ne s'inspiraient de beaucoup de bonne volonté les unes pour les autres et ne faisaient provision de patience autant que de résolution » (*Introduction aux Rapports du jury international,* page 128.)

I. Documents relatifs à la Constitution anglaise.

1° LA GRANDE CHARTE (1215).

Le roi ne peut faire, sans l'aveu du Conseil national, aucune levée d'impôts, si ce n'est dans les trois cas suivants : pour payer sa rançon, armer son fils chevalier et marier sa fille aînée.

Le roi ne saisira pas les biens d'un baron débiteur de la couronne, si le débiteur possède une propriété suffisante pour répondre du montant de la dette.

Tous les priviléges et immunités accordés par le roi aux barons seront accordés par les barons à leurs vassaux.

Toutes les provinces du royaume se serviront des mêmes poids et des mêmes mesures.

Tout homme libre pourra sortir du royaume ou y rentrer suivant sa volonté.

Londres et toutes les villes ou bourgs de l'Angleterre jouiront de leurs anciennes libertés et coutumes, et ne fourniront des subsides que sur l'ordre du Conseil national.

Tout homme libre disposera de ses biens comme il le jugera convenable; s'il meurt intestat, ses héritiers entreront en possession de tout ce qui lui aura appartenu.

Les officiers royaux ne prendront ni chevaux, ni chariots, ni bois, sans l'agrément des propriétaires.

La cour des plaids-communs ne suivra plus le roi et se fixera à Westminster; la justice ne sera ni vendue, ni refusée, ni retardée.

Nul homme libre ne sera arrêté, emprisonné, dépossédé de ses biens, proscrit, banni, blessé, injurié, qu'en vertu du jugement légal de ses pairs ou de la loi du pays (1); toute amende sera proportionnée à la gravité du délit. — Nul *vilain* ne pourra, pour l'acquit d'une dette ou d'une amende, être privé de ses instruments aratoires.

2° BILL D'HABEAS CORPUS (1679).

Lorsqu'une personne sera porteur d'un *habeas corpus* adressé à un sheriff, geôlier, ou autre officier, en faveur d'une personne soumise à leur garde, et que

(1) C'est l'origine du statut d'*habeas corpus*.

cet *habeas corpus* sera présenté auxdits officiers ou laissé en la prison à un des sous-officiers, ceux-ci devront, dans les trois jours de cette présentation (à moins que l'emprisonnement n'ait lieu pour cause de trahison ou de félonie, exprimée dans le *warrant*, sur l'offre faite de payer les frais nécessaires pour emmener le prisonnier, fixés par le juge ou par la Cour d'où émane l'*habeas corpus* (frais qui ne pourront excéder douze deniers par mille), et après sûreté donnée par écrit de payer également les frais nécessaires pour ramener le prisonnier, si le cas échoit, et après garantie que le prisonnier ne s'évadera pas en route, renvoyer cet ordre ou *writ* et représenter l'individu devant le lord chancelier ou les juges de la Cour d'où émane ce *writ*, ou devant telle autre personne qui doit en connaître le motif. D'après la teneur dudit *writ*, l'officier devra de même déclarer le motif de sa détention.

Si un officier, ou son suppléant, néglige de répondre au *writ* d'*habeas corpus*, ou de représenter le prisonnier, conformément à ce *writ*, ou s'il refuse, à la demande du prisonnier ou de toute autre personne pour lui, de délivrer, ou s'il ne délivre pas dans six heures copie des *warrants* d'emprisonnement et de détention, il payera à la partie lésée 100 livres pour la première offense, et 200 livres pour la seconde, et sera déclaré incapable de remplir son office.

Aucune personne, élargie en vertu d'un *habeas corpus*, ne peut être emprisonnée de nouveau pour le même délit, si ce n'est par l'ordre ou l'action légale de la Cour, dans laquelle elle est obligée de reparaître par sa reconnaissance, ou de toute autre Cour compétente ; et si une personne réemprisonne ou fait réemprisonner, sciemment, pour le même délit, quelque personne élargie, comme on vient de le dire, elle sera condamnée à 500 livres envers la partie lésée.

Il sera loisible à tout prisonnier d'obtenir son *habeas corpus*, soit du chancelier de l'Échiquier, soit du banc du roi ou de la Cour des plaids-communs ; et si le lord chancelier ou tout juge ou baron de l'Échiquier, en vacation, sur le vu des copies de l'ordre d'emprisonnement ou de détention, ou sur le serment que ces copies ont été refusées, refuse lui-même l'*habeas corpus* voulu par cet acte, il sera condamné à 500 livres envers la partie lésée.

Aucun sujet de ce royaume habitant de l'Angleterre, du pays de Galles ou de Berwich, ne pourra être envoyé prisonnier en Écosse, en Irlande, à Gersey, à Guernesey, ou dans tout autre lieu au delà des mers ; tout emprisonnement semblable est par cela même déclaré illégal. Un sujet ainsi emprisonné peut intenter une action de faux emprisonnement aux Cours quelconques de Sa Majesté ou exercer un recours contre les personnes par lesquelles il sera ainsi arrêté, emprisonné et détenu, et contre toute autre personne qui aura provoqué, écrit, signé ou contre-signé un *warrant* ou tout autre écrit pour de tels actes, de même que contre ceux qui l'auront conseillé ou qui y auront donné leur consentement. Dans ce cas, l'offensé pourra exiger trois fois le montant des frais du procès, et en outre des dommages et intérêts, qui ne pourront être fixés à moins de 500 livres, dans laquelle action nuls délais ne seront accordés sans préjudice de l'exécution des règlements des Cours pour certains cas spéciaux prévus par ces règlements ; et toute personne qui écrira, signera ou contre-signera un *warrant* pour un semblable emprisonnement ou détention, ou qui emprisonnera quelqu'un contrairement à cet acte, ou qui y aura concouru, sera déclarée incapable de remplir une charge de confiance ou lucrative, encourra les peines du statut de *præmunire* et ne pourra être absoute par le roi desdites forfaitures.

3° BILL DES DROITS (1689).

Le prétendu pouvoir de suspendre les lois ou l'exécution des lois par autorité royale sans le consentement du Parlement est illégal.

La levée des impôts pour l'usage de la Couronne, sous prétexte de sa prérogative, sans autorisation du Parlement ou pour un plus long temps, ou d'une autre manière que le Parlement l'aura accordée, est illégale.

Le droit de pétition à la Couronne appartient à tous sujets, et ils ne peuvent être l'objet d'une poursuite pour leurs pétitions.

La levée et l'entretien d'une armée permanente en temps de paix sans le consentement du Parlement sont contre la loi.

Les sujets protestants peuvent avoir des armes pour leur défense, conformément à leur condition et aux lois.

Les élections des membres du Parlement doivent être libres.

La liberté des discours et des débats dans le Parlement ne peut donner lieu à des poursuites que dans le Parlement même.

Des cautionnements excessifs, des amendes exorbitantes, des châtiments cruels et extraordinaires, ne peuvent pas être infligés.

Les jurés doivent être dûment immatriculés, et ceux qui siégent dans les affaires de haute trahison doivent être freeholders.

Toute remise ou promesse de remise d'amende et pénalités à des particuliers avant le jugement est illégale et nulle.

Pour redresser les abus ou les amendements des lois, des Parlements doivent être tenus fréquemment.

II. Documents relatifs aux droits des citoyens anglais.

1° JURY.

L'institution fondamentale en matière judiciaire est celle du jury, dont l'existence remonte à l'époque anglo-saxonne.

Le jury existe non seulement pour les affaires criminelles, mais même pour les affaires civiles, dès que la valeur du litige dépasse 5 livres sterling.

En matière criminelle, les causes dites *sommaires* peuvent être jugées par le magistrat sans l'assistance du jury. Cette définition ne s'applique qu'aux contraventions légères; mais toutes les autres causes qualifiées de causes *indictables* sont déférées au jury, après que le *grand jury* a statué sur la mise en accusation.

Les délits politiques et ceux de presse participent à cette garantie.

L'accusé étranger peut demander la formation d'un jury composé de moitié de ses nationaux.

Le verdict doit être rendu à l'unanimité.

2° LIBERTÉ DE LA PRESSE.

La presse entièrement libre n'est assujettie à aucune censure ni autorisation préalables.

Pour les écrits politiques périodiques, un cautionnement modéré peut être exigé.

Le timbre est facultatif : les journaux qui le supportent sont exempts des droits de poste, auxquels sont soumis ceux qui n'acquittent pas le droit de timbre.

En matière de diffamation, si le jury est d'avis que les imputations diffamatoires ont été inspirées par une pensée d'intérêt public, il peut offrir à l'auteur d'en fournir la preuve, et, en ce cas, ce dernier n'encourt aucune pénalité (32, Geo. III, c. 43).

Aucun écrit ne peut être saisi s'il n'a été déclaré coupable selon les formes légales (*Ch. des Comm.*, 25 avril 1766). Il ne saurait donc y avoir ce qu'on appelle en France la saisie administrative. Une exception a été introduite pour les ouvrages obscènes et outrageant les mœurs : mais il faut, même dans ce cas, la déclaration sous serment d'un homme respectable (XX-XXI Vict., chap. 83).

3° DROIT DE RÉUNION ET D'ASSOCIATION.

Les citoyens anglais peuvent se réunir librement et former des *meetings* sans autorisation administrative.

Ils peuvent y traiter toutes sortes de questions, même les questions politiques et religieuses.

Les *meetings* peuvent se tenir en plein air, excepté sur la voie publique. L'autorité a la faculté de les disperser, en cas de danger pour la paix publique, au moyen de la lecture du *Riot-act.*; mais le jury seul prononce soit sur l'illégalité du *meeting*, soit sur les délits dont il a pu être l'occasion.

Le droit d'association est aussi illimité, pourvu qu'il ne dégénère pas en ligues ou associations secrètes (29, Geo. III, ch. 19).

Tous les droits des citoyens anglais énumérés plus haut trouvent une triple garantie :

1° Dans la responsabilité de quiconque y voudrait porter atteinte, même et surtout contre les fonctionnaires publics ;

2° Dans le droit de pétition, qui est absolu et qui peut s'exercer auprès du roi et du Parlement (1) ;

3° Dans le droit de résistance aux actes illégaux, même en employant la force.

Nous pouvons rappeler que ce dernier droit est formellement inscrit dans la déclaration des droits de l'homme et du citoyen rédigée en 1789 par l'Assemblée constituante.

(1) Tout meeting de plus de cinquante personnes pour adresser une pétition au roi ou au Parlement est interdit dans le rayon d'un mille anglais autour de Westminster-Hall (37, Geo. III, ch. 19, sect. 23).

III. Documents relatifs à l'organisation administrative.

En Angleterre, les administrations locales ne sont pas, comme en France, soumises à une hiérarchie régulière et à une centralisation excessive. Elles sont représentées par trois éléments principaux ayant chacun leur indépendance : le Comté, la Paroisse, le Bourg. Ce qu'il y a de plus remarquable, c'est qu'au lieu de soumettre les grands centres, comme on le fait en France pour Paris et pour Lyon, à un régime exceptionnel qui amoindrit ou annihile leurs libertés municipales, ce sont en Angleterre ces grands centres qui sont privilégiés ; c'est ainsi que les principaux bourgs ont l'honneur d'être représentés au Parlement ; c'est ainsi que la cité de Londres nomme elle-même toutes ses autorités urbaines. Les franchises municipales croissent ici avec l'importance des villes et la grandeur des intérêts qu'elles représentent.

1° LE COMTÉ (1).

L'autorité publique, dans les comtés, est exercée ainsi qu'il suit :

Le sheriff représente le souverain ; il est le gardien des biens de la Couronne, veille au maintien de la paix et a le droit de requérir l'assistance de toute personne âgée de plus de quinze ans, à l'exception des pairs.

Les sheriffs sont nommés pour une année, par le roi, sur une liste préparée par les juges de paix réunis en session trimestrielle. — Leurs fonctions sont obligatoires sous peine d'amende.

Le lord lieutenant, assisté de vice-lieutenants, qu'il choisit lui-même, est le chef de la milice et de la magistrature, et est chargé de faire les présentations au lord chancelier pour la nomination des magistrats (*justices of peace*).

Le lord lieutenant est nommé par le roi, pour un temps indéterminé, et peut être révoqué.

Les juges de paix possèdent, outre leurs attributions judiciaires, des pouvoirs administratifs.

Tous les juges de paix d'un comté se réunissent à cet effet, quatre fois par an, en sessions trimestrielles (*quarter sessions*), et en outre en sessions générales ou spéciales, lorsqu'ils sont convoqués.

Ils votent les taxes et statuent sur le contentieux des impôts ; ils nomment aux emplois locaux.

Les juges de paix sont nommés par le lord haut-chancelier, sur la présentation du lord lieutenant du comté, parmi les propriétaires fonciers possédant un revenu de 100 livres au moins ; ils peuvent être révoqués dans les cas prévus par la loi.

(1) V. le livre substantiel de M. E. Laferrière et U. Batbie, *Constitutions de l'Europe et de l'Amérique ;* et pour plus de détails Mac Culloch, *Account of the British Empire*, 2e v., et la remarquable traduction de Ch. Vogel de la *Constitution d'Angleterre*, par Fischell.

L'usage consacre leur inamovibilité complète; leurs fonctions cessent de plein droit à la mort du souverain dont ils tiennent leur commission.

Les juges de paix, réunis en assemblée générale, instruisent et jugent tous les crimes et délits commis dans le comté, sauf les cas de meurtres et félonie emportant peine capitale ou transportation, dont le jugement est réservé à la Cour d'assises du circuit.

Police. — La police est administrée, dans les comtés, par les juges de paix réunis en sessions trimestrielles. Ils fixent, sous l'approbation du secrétaire d'État de l'intérieur, le nombre et le traitement des agents. Ils instituent, s'il y a lieu, un *comité* de *police* chargé de la surveillance du service.

Les agents du comté (surintendants, inspecteurs, sergents et constables) sont placés sous les ordres du constable en chef (*chief constable*), nommé par les magistrats.

2° LA PAROISSE

La direction de l'administration appartient à tous les contribuables (*rate-payers*) imposés aux taxes de la paroisse, réunis en assemblée paroissiale (*vestry*), sous la présidence du bénéficier.

Tous les paroissiens contribuables ont les mêmes droits dans le *vestry* lorsque le vote a lieu par main-levée; mais, dans les délibérations où l'on a recours au scrutin, les contribuables imposés par un revenu supérieur à 50 livres ont une voix de plus par 25 livres de revenu imposable, sans toutefois pouvoir en réunir plus de six.

En cas de partage, la voix du président est prépondérante.

Le *vestry* délibère sur les affaires communes, vote les taxes paroissiales, en règle et surveille l'emploi, et nomme les agents paroissiaux.

3° LE BOURG.

Le bourg est une localité régie par des institutions indépendantes de celles du comté. Certains ont le privilége d'être représentés à la Chambre des communes.

L'autorité est exercée, dans les bourgs, par le Conseil municipal, le maire et les *aldermen*.

Le Conseil municipal (*town council*) est élu pour trois ans par les bourgeois (*burgesses*) qui résident effectivement dans le bourg depuis trois ans et sont imposés à la taxe des pauvres. Il est renouvelable par tiers.

Pour être éligible au Conseil municipal, il faut être bourgeois, et en outre posséder un capital de 1,000 livres ou être imposé à la taxe des pauvres pour un revenu de 30 livres au moins; ou bien posséder un capital de 500 livres et être imposé à la taxe des pauvres à raison d'un revenu de 15 livres.

Les *aldermen* sont élus pour six ans par le conseil municipal et renouvelés tous les trois ans par moitié.

Le maire *mayor* est nommé chaque année par les *aldermen* et les conseillers municipaux, et choisi parmi les aldermen. Il est de droit juge de paix du bourg.

Les bourgeois élus aux fonctions de maire, d'*alderman* ou de conseiller municipal, sont tenus de les accepter sous peine d'une amende de 100 livres pour le maire et de 50 livres pour les autres fonctionnaires.

Le sheriff du bourg est nommé chaque année par le Conseil municipal.

Les principaux services administratifs des bourgs sont :

1º *L'administration des propriétés communales.* — Elle appartient au Conseil municipal investi d'une autorité absolue, sauf à obtenir, dans les cas les plus graves, l'autorisation du Parlement.

2º *La police.* — Elle est confiée par le Conseil à un comité (*watch committee*) présidé par le maire.

3º *Les finances.* — Le budget du bourg est voté par le comité des finances du Conseil municipal, et les comptes sont soumis à son approbation après avoir été examinés par les deux auditeurs du bourg.

4º *La justice.* — Elle est administrée par des Cours de petites sessions, par des Cours de police, ou par des Cours spéciales de sessions trimestrielles tenues par le *recorder;*

5º *Les prisons;*

6º *Les asiles d'aliénés;*

7º *Les poids et mesures;*

8º *La salubrité.*

7307 — Paris, imprimerie Jouaust, rue Saint-Honoré, 338.